갈대, 그 흔들림의 美學

정순덕 시집

능소화, 묽은 그리움의 빛깔로

외진 길모퉁이 담장을 타고 허공을 기어 올라 하늘을 가득 품은 능소화, 그 꽃잎을 흔들며 성근 바람이 에돌아 나간다

바람의 파문이 골목을 흔들자 애환의 몸짓으로 온몸 떨구며 송두리째 낙화하는 꽃...

아련한 내 상념의 밑바닥을 그리움으로 흥건히 적시며 나뒹구는 꽃의 슬픔에 눈시울 절로 붉힌다.

잊고자 했으나 결코, 잊을 수 없었고 지우려 했으나 지워지지 않는 내 삶의 영원한 화두를 "갈대, 그 흔들림의 미학." 이란 시제 아래 한권의 책으로 묶었다. 날 선 의식의 목소리를 둥글게 깎아 내고 내면에 들이치는 슬픔의 응얼마저 공명의 외침이 되어 세상을 울리는 바람의 독경으로 들으련다.

내 인생의 영원한 동반자를 만나 서로 의지하며 지내온 25년, 그이가 올해로 환갑을 맞았다. 예전 같으면 어르신 대접을 받느라 올방지 치고 안방에 앉아 큰기침이나 할 일이지만 아직도 나와 함께 쟁반을 들고 불을 피우고 고기를 재우고 있다.

일생에 한 권, 꼭 한 권만 책을 내리라 했던 나의 약속을 그의 환갑 기념으로 내어놓는다. 부족함이 많지만 그에게

참 기쁨이었으면 좋겠다. 기꺼운 마음으로 엄마의 글쓰기를 묵묵히 지켜봐준 아들에게는 미안하다. 교과서에 실릴만한 좋은 글을 쓰라고 늘 격려해 주었는데 실력이 다다르지 못해 부끄럽다.

시집은 언제쯤 볼 수 있느냐며 용기를 주셨던 동네 어르신들께도 정다운 이웃에게도 부끄러운 마음을 앞세워 감사의 뜻을 전한다. 솜씨없는 우리 집 음식을 맛있게 드셨듯이 부끄러운 내 글도 맛있게 읽어주셨면 하고 감히 바래어 본다.

하늘내린 인제,

이 땅위에 굳건히 두발을 딛고 서서 내린천 휘감아 도는 물길 속에 삶의 애환을 띄우며 채 익지 못한 시편을 엮어 갈대숲에 조용히 묻어둔다. 외진 숲, 소슬한 바람을 그네 뛰는 갈대, 그 조용한 흔들림의 미학을 배우고자 다시 고개 숙이며 겸허한 마음을 일깨우려 묵상에 잠겨들 때. 서녁 하늘을 가득 품어 안은 낙조가 우련 붉다,

2009년 8월 1일 갈대숲에 날아드는 바람을 누진 가슴에품으며......

저자 정순덕

차례

제1부 꽃이 바람에게 전하는 말

제2부 혼자 떠난 하늘 여행

제3부 흔들리며 살아도

제4부 타들어가는 힘줄을 엮어

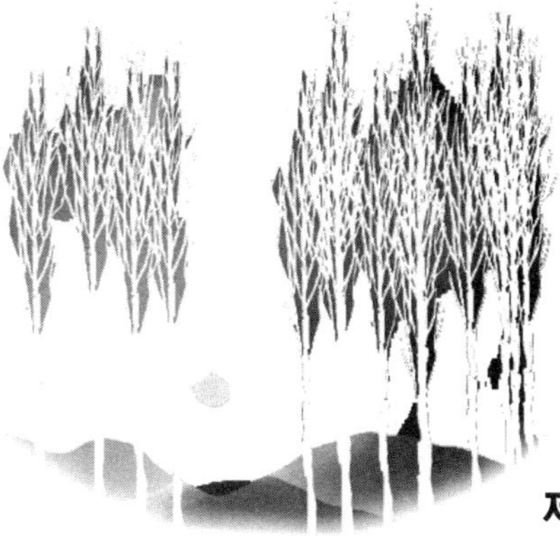

제1부

꽃이 바람에게 전하는 말

능소화 1

꽃을 볼 자격이 없는가

보경장 담벼락을 보듬어 피는 꽃
이루지 못한 사랑에
맹독을 품어 자칫 눈이 먼다는 그 꽃

구름다리를 받쳐 놓고 기다려도
비틀며 줄기를 뻗다가 스러지고
새 잎을 피워낼 때마다 다칠세라
공들여도 허사이던, 꽃

5년 만에 구름다리 움켜쥐고 일어서더니
안개비 소리없이 내리던 날 아침
붉은 꽃 한 송이
수줍은 듯 나를 내려다보고 있었다

삼복더위에도 지치지 않고
구름다리 위 능소화, 화다닥
꽃 피고 나는 하릴없이 그 아래를 드나들며
오직 그 님이 된 양 너를 바라본다.

능소화 2

가랑이 벌려 허당에 그물 치고
양귀비보다 고운 자태로 등불을 밝히고
슬몃 바람의 손길에도 자지러질 듯
마디마디 꺾어 소식 묻는다

가녀린 힘줄로 밧줄을 꼬아
더 높이 더 멀리
까치발로 서성이며
나는 너를 기다린다
확확한 햇볕 아래서……,

목련

입 다물어!
입 다물어!

붉은 흙먼지 바람 몰아 온대도
뽀얗게 솜털 일궈 물오른 봉우리
탁!
가슴을 열었다

다시 생각나는 그 사람
또 다시 생각나게 하려고
붉은 흙먼지 뒤집어 쓰고라도
하얀 꽃망울 터트리려 하네

봉숭아 꽃

작년 봄에 얻어다 심은 봉숭아 씨
빈 화분에 정성껏 심었건만
어찌어찌 한 대궁만 살아 붉은 꽃 피워내어
오가며 신통해서
물도 주고 거미줄도 걷어내고
한 대궁만 자라선지
튼실한 대궁 위
겹 봉숭아꽃 그리도 탐스러웠다.

씨앗을 받지 못해
저절로 떨어진 씨앗이
용케도 올해에 또, 소복이 싹이 돋길래
어떤 놈을 뽑고 어떤 놈을 키울까?
제 앞까지 갔다가 손을 접곤 하다 보니
화분 가득
하얀색, 분홍색, 붉은색
키 작은 봉숭아 꽃 한 아름 피었네.

꽃

겨우내 시린 살
보듬어 안았다가
이른 봄 뒤질세라
서둘러 피어나는 꽃, 꽃

첩첩이 접었던 아픈 가슴을
활짝 열어 한순간에 피를
토해낸다 화-아

향기는
꽃이 흘리는 피의 노래다
이미 스러질 줄 알고도 터뜨리는
꽃의 붉은 각혈이다

피는 쏟아져 대지 위에 내리고
대지는 꽃의 아픔을
고즈넉이 받아 안고

다음해에 다시 살아보자고
등 토닥여 잠재운다

라일락 필 때

주유소 담장 옆으로
쓰러질 듯 기대어
꽃잎 반, 새잎 반
연보랏빛 라일락

황사바람도 타는 목마름도
4월의 기습적인 무더위도
'난 몰라요.'

풍만한 가슴을 흔들어 향기를 뿜어내고
3층 슬라브 아래층에 사는 나는
부서져 쏟아지는 햇빛 사이로
소슬소슬 일렁이는
보랏빛 손짓에 중독되어
하얗게 하얗게 고졸(古猝)한 미소로 답한다

봄은 더디게 온다

지난겨울은 겨울답지 않았으므로
우수, 경칩이 지났는데도
함박눈이 내린다

집 앞, 은행나무 장미나무 은사시나무는
빈 가슴에 봉곳봉곳 새 움을 품었는데
아무런 말도 하지 못하고, 눈꽃
제 가지에 받아준다

마지막 눈꽃축제이리라
더디게 더디게 다가서는 봄의 전령들
아직도 못다 그린 겨울풍경에
맨살 고스란히 들어내 주고
아득하니 숨 고른다

원체 느리니 망정이지
서둘러 왔더라면
여린 싹이랑 봉우리들
에이는 그 아픔을 어이 견디리….

그래서 봄은 더디게 더디게
그렇게 오는가 보다.

봄의 전령

바람에 바싹거리지도 않고
그대로 파아란 융단의 끝자락 마냥
오똑하니 다문 입 벌리고
튀어나온 길 옆의 새싹들
나른한 봄 기운에 쳐진 어깨가
그네들을 보는 순간 긴장한다

만지지도 못하고
만져도 안 될 것 같은 여린 몸뚱어리를
한 번씩 매운바람만 불어도 눈살 찌푸려지고
몸 움츠리며 난, 방으로 쫓겨 든다

작기도 하려니와
새살, 고 여린 몸으로
씩씩하게 도도하게
반짝, 고개를 쳐든 봄의 전령들

새싹에게

사탕처럼 달콤한 햇빛에 유혹되어
성급하게 옷고름을 풀어놓은 당신은
동령 넘어 까무러칠 듯 아픈 추위를
어쩌시려는겁니까

잘금 잘금 갈증을 풀어주는 봄비에
긴긴 잠 깨어 양말 벗고 뛰어나온 당신은
4월의 꽃샘 추위에 또 한 번
실신을 하는 것 같구려

당신,
놀란 가슴도 여미시고
살 베인 아픔도 이겨내시고
살짝 까무러쳤다가 깨어나면
벌 나비 찾아드는 꽃 피고 잎 피고
잎 지고 열매 맺는 풍요로운 한 생을
유록빛 빛깔로 살아가야지요

민들레 살아남기

조급한 마음에 길 떠났지만
어디 갈 곳이 없다
이리저리 살피다가 앉은 곳
내가 살아갈 만큼 호락호락하지 않다
오랜 망설임 끝에 다시 떠난 길
가야 할 곳은 정해지지 않고
오라는 곳도 없어
바람 불지 않아도
허공에 머문다
기다림 끝에 미풍에 실려 간 곳
지친 몸도 마음도 쉬었다가, 깊고 어둔 밤 지나
어느 봄날, 나는 노란 꽃 피우리라

천하장사

여름내내 판판이 지는 씨름
또 한판 붙을까 말까
간들간들 온몸으로
아양 떠는 모습
그래, 너도 홀씨 한 번
파란 하늘 향해 날려 보아라
밭도 길도 아닌 맨흙 틈바귀
먼지 속에 뻗치고 서서
새파랗게 도전하는 천하장사
민. 들. 레.

철죽

인제 鞍山에
5월이면 지천으로 피는 붉은꽃
땅에 발 딛고 싶지 않아
산능선 너머 폭포처럼 쏟아지는 구름 속
옥녀탕과 12선녀탕을 오가며 사랑하던
첫사랑, 그 여인 못 잊어
무릎 꿇고 기도하던
통증의 나무

인제 郡花로
나볏이 피어 있는 황갈색 키 작은 나무

*나볏이- 매우 떳떳하고 의젓하게

겨울장미

아직도 못다한 말
끝내 솟구치는 그리움

살천스러워
푸른 잎 떨궈 발등 덮어놓고
여남은 햇살
덕지덕지 상처 위로
소독약처럼 쏟아붓는다

텅 빈 길섶 바람 매서운데
빈 가지 끝에 외롭게 핀
한 송이 겨울 장미

안개꽃

먼동은
잠 빛을 털어내느라 부산스럽다

푸름한 안개 속, 느린 자동차
불빛도 희미하다

전조등 깜빡하고
"안녕하세요"
세 옥타브쯤 높은 목소리

하루를 즐겁게 하는 길라잡이
미화원 심주사는
안개 속에 피는 꽃이다

매초롬한 아침공기 마시며
안개꽃 닮은
하루를 시작한다

*안개꽃말: 흰색- 간절한 마음, 약속, 밝은 마음, 죽음
적색- 기쁨의 순간
자색- 깨끗한 마음

할미꽃

아침나절 내내
점심때가 지나도 보이지 않아
조반은 드셨는지
밤새 앓았다더니
잠겨진 문만 열없이 흔들어 본다

세 시가 넘어서야
허겁지겁 밥술 떠넣으시는 어머니
쥐 곳간 드나들듯 들락거린 내 애성에

"서릿골 백련정사까지 가서 할미꽃 얻어왔다"

조막만한 내 꽃밭에
할미꽃 다독다독
심어주신다

코스모스

칼날이 관통합니다
어둠의 뱃가죽을 가르며
부아아앙~

길 옆, 한들한들 코스모스
굉음에 현기증을 느껴
구십도 사십도 이십도
일제히 쓰러졌다 간신히 일어섭니다

충혈된 눈 부릅뜨고
야간질주하는 저놈의 차들
목이 부러질 듯 허청허청
여덟장 고운 꽃잎
달빛에 애처롭습니다.

넝쿨장미

붉은 입술

달아오른 담벼락 얼싸안고

바람과 눈 맞추는, 저

화냥기.

인동꽃

지도서에서 분양 온 어린 인동
가닥가닥 꼬여서
붉은 기둥 타고 오르는 모습
참 예삿일 아니다

하얗게 피었다가
노랗게 색을 바꾼다고
금은화라고 한다지

잎을 움켜쥐고
겨울을 난다 하여 인동이라지

외로꼬아 집안에 잡귀를
막아 준다고도 한다지

향기 은은하고
꿀이 달아 벌, 나비 많이 찾는다지

하얀꽃 조랑조랑 필 때
너의 변검술 지켜보리라
애면글면 기다려 보지만

그윽한 향기
미쁜 너의 모습에 취해
깊은 숨만 몰아 쉰다.

*변검술– 순식간에 얼굴을 바꾸는 중국 마술

나팔꽃

아침저녁 쪼그리고 앉아 기다린다
작년에 살던 자두나무 둥치 아래
잊었나 보다. 오는 봄을

앙증맞은 보랏빛 나팔 더 높은데서 분다고
가녀린 팔다리로 꼬물꼬물
기어오르던 너

움트는 모든 싹들을
함부로 뽑아내지 못한다
행여 늦게라도 나를 찾아 올 것만 같은
너를 기다린다.

해바라기

이제
기력이 다했나 봐

내 키 두 배 만큼 자라
양양하게 태양을 쫓던 기세

고개 떨구고
검푸른 잎새 접어
옆구리에 끼고

그렇게도
용감했던 지난여름
그렇게도
기다리던 홀로 사랑

빈 들판 가득
소리없는 가을 속
아련한 기억 보듬어 안고
해바라기 신음하며 까맣게 타고 있다.

우담바라

후미진 마당가
왕고들빼기 잎에 피었다

야생초에 핀
신령한 꽃

비단실 끝에
낭창낭창
서캐알처럼 피어있는
하얀꽃

누가
풀잠자리의 유충이라 했나

한 생명이 다른 생명을 빌어
피어나는 찬란한 생명력
공손한 마음으로 오래도록
들여다 본다

산수유

목욕탕 돌아가는 마당귀
따그락 따그락
산수유 열매
빈 가지에 빨갛다

겨우내 허기진
지빠귀, 까치, 까마귀
너나없이 드나들며
재-재- 거린다

연신 '겨울답잖다.' 구시렁대다
보름 먼저 잠에서 깬
개구리 두꺼비들
혼비백산, 된추위 만나
수난을 겪었을 경칩

아뿔싸!
새들의 지저귐 끊어진 새벽길
따그락 따그락 산수유 열매 간데없고
토.토.톡!
산수유 노오란 꽃
봉긋 봉긋이
맨살에 돋아나고 있었다.

제2부

혼자 떠난 하늘여행

아들의 응원

임프란트 하려고 윗니를 모두 뽑고
죽 공양을 하는 동안
임시 의치는 말 그대로 전시용이다

옛날 같으면 집 한 채 값이라 엄두도 못 낼 일이라자
"전세도 못 주는 집을 입 안에 짓네요,"라고 응수하더니

쪼작쪼작 먹는 죽 돌아서면 배고프다며
간만에 밥 두 공기 뚝딱 먹는 아빠 보며
그렇게 잘 드시니 새 이빨도 나오겠다고 응원한다

둘러앉은 식구들 그랬으면 좋겠다, 참 좋겠다고
밥숟가락 들고 마주 웃는다

옛 장이 그립다

첫 장에 조개젓이랑 닭발이랑 꽁치 두어 마리
만 원어치 사서 돌아서니 마수걸이 잘했다고
퉤퉤 침 뱉어 머리 문지르고
오늘 장사 대박나라 하고 고사한다

거듭거듭 고맙댄다
장사는 뒷전이고
소주잔만 세다가 돌아서는 꽁장
마땅히 벌어먹을 궁리가 없다

장날 오고가는 사람들이라도 많아야
눈요기라도 되는데 지루하기 그지없다
너나없이 시끌시끌 홍정 넘치는
옛 장날이 그립다.

가을날에

이제 번뇌는 사라졌오
남은 것은 향수뿐이라오
움푹 패인 웅덩이의
아래쪽부터
차곡차곡 채워 놓은
슬프고 아름다운 추억들을
살랑거리는 추파秋波로
어루만져 주겠오
그리고
새로이 패인 웅덩이 속엔
슬픈 상념일랑은
개어 넣지 않겠오
고향의 꽃
한 줌의 벼이삭을 꺾어
꺾꽂이로 장식하겠소

살구미 (乷丘尾)

내린천 인북천 서화천이 합수 되고
노루목 깎아지른 절벽
래프팅족 탄성 소리에
꽃잎 하나 툭!
강물로 뛰어든다

오래된 기억들
눈시울에 내려앉는 햇살 속에
사금파리 줍던 가난한 사람들 마음
촌로의 한가로움이 적막 되어
한소끔 쉬어가는 곳

꺾이고 돌아 흐르던 여울목
홀린 듯 윤슬에 넋 놓고 있는 사이
고운 모래톱 밀어놓고, 강물은
당실당실 흘러간다

다시 봄이 오면

봄비 한번에 대번 무성히 솟아
푸르른 꿈으로 약속했었다
언제나 네 곁에 있으리라
때론 작은 새들의 안식처로.
큰 바람, 큰 비도 함께 맞으며
억센 태양의 빛도 나누어 마셨다
언제나 네 곁에 살 수 있다고 생각했다
결국, 너에게서
칼바람 맞고 떨어졌지만, 아직도
하고픈 이야기가 있고 , 아직도
나누고 싶은 사랑이 있다
지금 너는 지쳐 있고
깊은 잠에 빠져 나에게 눈길조차 줄 수 없지만
어떻게라도 잊혀지지 않으련다
잘게 부서져버린 나는
보이지 않는 먼지가 되어
돌이킬 수 없이 무조건 너에게 간다
마침내 네가 잠에서 깨어났을 때
가장 먼저 네 살갗을 뚫고
연둣빛 꿈으로
다시 나고 싶다

꿈 이야기

죽을만큼 아파서
저녁 장사도 못하고
앓아눕던 날
신열로 자는둥 마는둥 꿈을 꾸었다
고향에서 엄마가 부르는데
자질구레한 옷가지를 넣을 박스를 못 구해
애 쓰다가 커다란 담배 박스로 짐을 부치고
이번엔 차비가 없어서
휑한 방에 혼자 끙끙대다 잠이 깼는데
어쩌면 꿈에라도 그리 궁색한지
아픈 것을 보내버렸으면 좋으련만
빈 지갑은 또 무얼까
왠 종일 꿈에 대한 해몽을
이렇게 저렇게 내려본다
다 저녁에 대입 시험 보러 서울 간 아들
짐 싸서 집에 올 궁리한다는 전화가 왔다
아침 일찍 통장에 돈은 남아있는지 찍어 봐야겠다

멸치

작지만 큰 뜻 품고 바다 속
등 푸른 삶을 살았다

머리에서 발끝까지 뼛속 깊이
심해, 그 푸른 바다 속
왁실덕실 살아 온 이야기
구수하게
잘 익은 갈색으로
흔적 하나 남기지 않고
아낌없이 풀어 주는 너

잠자리의 독서

가을 쨍쨍한 하늘 아래서
"김 훈의 자전거 여행"을 읽고 있는데
잠자리 한 마리 책 귀퉁이에 날아와 앉아
날개도 접지 않고 책을 읽는다

책장을 넘기지도 못하고
누구더러 사진 좀 찍어 달래지도 못하고
애타는 마음 홧홧하게 부풀어 오르는데
이해가 안 되는지 고개를 갸웃갸웃
큰 눈을 굴리더니, 글 속 여행보다 체험이 좋겠다고
저 혼자 하늘여행 떠나버렸다

뒤집 바가지가 될까

조롱박
하루하루가 다르게 살찌고 윤기나는 것이
신통하고 대견하다

한 뼘도 안 되는 어린 싹
혼자는 외롭고 둘을 키워야 잘 자란다고
자은이 아빠 졸라
얻어다 키우면서
조롱박 열지 않으면 어쩌나
쌀뜨물 받아 주고
지지대 세워 주고
얼기설기 줄 띄워 감기줄 끌어주고

어린 박 달렸다간 떨어져 죽고 죽고
용케 하나만 살았다
손가락질하면 떨어진다는 어른들 말씀에
눈으로 말 주고 받으며 정 들였는데
장날 아침
병원 다녀온 사이
달랑 대궁만 남았다
누굴까 누가 따 갔을까

하루종일 박 덩굴 아래 서성거린다
엉뚱하게 묶여 있는 강아지에게
뭐 했냐고 호통친다
한밤중도 아닌 벌건 대낮에
오고 가는 사람도 많은 장날에
누군지 몰라도 담이 황소만큼 큰가 보다

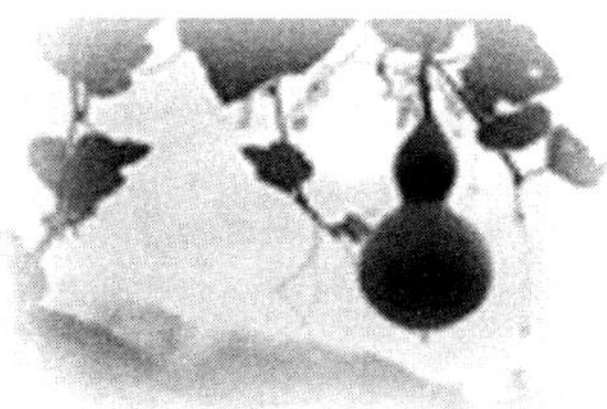

배가 고프다

전쟁처럼 손님을 치르고 난
밤 중, 허기진 배를
맥주 한 잔으로 채운다

100미터를 전력 질주한 선수처럼
흐물흐물, 난간을 잡고 계단을 오른다
널브러져 가쁜 숨을 고를 사이도 없이

말이 좋아 오너지
전력으로 바둥거려야 먹고사는
이 전쟁 같은 밥장사

진이 빠져 버린
허깨비 같은 매일을
어떻게든 탈출할 수만 있다면…….

휴일 휴가철 명절이면
곱의 곱으로 일해야 하는 나는
최악의 노동 조건 불확실성의 보장
행사할 수 없는 권리 뿐

늘 배가 고프다

모녀

칠순 어머니 염색하느라 툇마루 끝에 마주앉았다
흰머리 일색인 머리를 이리저리 헤치고
염색약 바르는 나는 머리를 한껏 젖혀 멀리 본다

환한 햇빛에 드러난 속머리
6.25 때 파편 맞은 자국과 쌍가마
숱이 엉성한 머리카락을 자꾸만 빗질한다

귀밑머리부터
새어가는 모습 쌍가마 뒷모습 걸음걸이
엄마 닮지 않을 거라던 어린 내 생각 밖에
나이 들어갈수록 똑같단 말 듣는다

"왜 닮았을까? 그런 못된 것들"
어머니의 말에 염색 도구 밀쳐 놓고
깔깔까르르, 박자 맞춰 웃는 소리에
놀러 왔던 햇빛이 화들짝 놀라 구름 속으로
숨어 버렸다

개구리

4월, 아마추어 합창단
曲曲曲곡
조심스레 노래하다
화들짝 박자 놓치고

5월, 무논 합창 연습은
曲曲曲曲곡
살짝 눈치 보고 다시 시작하고

6월 절정의 합창은
曲曲曲曲曲곡
인기척에도 으름장에도 멈추지 않고
달빛 하얗게 바래도록 사랑을 부른다

담쟁이

도무지 멈출 수 없어
물고 늘어지는 무서운 심보
왁자하게 자리 깔고 앉았다
낄낄대며 손톱마다 빨판 무장하고
야금야금 파먹는다. 서늘하게 빈 가슴

제비

그러게 처마 밑에 살림 차리랬지. 들고나고 귀찮지 않게. 꼭 방문 앞이라야 됐냐구. 고집도 황소고집이라 이기지 못해 그러라 했으면 7시까지 들어와야 문을 걸고 일찍 자지. 일찍 자야 일찍 문 열어주지. 잔소리해댔더니 저녁 6시면 들어와 나가지 않네. 어제부터는 교대로 집에 들어앉아 있는 모습이 알을 품는 눈치야. 날짐승도 사람 말을 알아듣는데 짐승만도 못한 인간이 얼마나 많은지.

빨랫줄 아래 제비 똥 물청소하며 궁시렁궁시렁. 그래도 잔소리할 식구 생겼다고 비질하는 엄마의 손 *승겁들어 보인다.

*승겁들다- 힘들이지 않고 저절로 이루다

아버지의 집

집 주변에 유실수를 심어놔야
자식들 그나마 자주 들리지. 하신대로
밤나무 대추나무 심고
나무하러 갈 때마다 지겟다리에
조붓한 꽃다발 꽂아
뒤주 위 허름한 항아리에 꽂아 주시던
아버지, 뜰에 백가지 꽃나무를 심어드렸다

깔끔하신 분이 오랍뜰에 웬 풀이냐고
풀도 못 뽑고 계시냐고
사흘에 한 번 나흘에 한 번
고사리 한 움큼 꺾으러 가시는 어머니
올해는 고사리도 제대로 못 키워내니
그나마 무슨 핑계로 찾아가냐고
축축하게 웃으신다

돌아가시고 열일곱 번째 맞는 생신 날
오징어 한 마리 소주 한 병 손바닥만한 케익 들고
아버지 집에 총총히 다녀오셨다
맏딸은 겨우 어머니 편에
노란 카네이션 한 다발
조화로 보내드렸다

드라마 중독증

진실이 밝혀지는 것이 빤히 보이고
돌아가는 틀도 크게 벗어나지 않는
tv 속 이야기
하루하루 아침 시간을 죽이고
삼삼하게 이야기를 짜맞추는 즐거움에
꽃이 피고 지는지
옆집에 누가 새로 이사 왔는지
청소고 빨래고 쌓아 놓은 채
보고 또 보고
세월은 간다. 저 혼자

공갈 자전거를 타고

사브작 사브작
솔잎 밟고 기룡산 오른다
시작부터 된벼랑 같은 길을 만나 숨 가쁘고
능선 따라 반 시간쯤 오르면
방통만한 쉼터에 이른다

큰 소나무들 사이로
나는 신나게 공갈 자전거를 탄다
광천상회 앞 시장통을 날아서
친구 아버지 병문안도 가고
노루목 산장 다락구미 까지
내린천 강변을 달린다

공갈 자전거를 타고
마법사처럼 날아서
경로정 건너 조림이 살구미에도 가 보고
봄꽃 와글대는 동네 한 바퀴 돌아온다

라면국수 먹은 이유

터울 잦은 오 남매가 다글다글 모여 앉아
라면! 라면! 라면!
노래한다
마지못해 라면 두 봉지 국수 한 다발 끓이면
국숫발 따로 라면발 따로다

골고루 나눠주기 어려운 어머니
양푼째 내 놓고 나눠 먹으라 하신다
서로 라면발 많이 먹겠다고 젓가락 싸움 길어지면
쯧,쯧, 라면 두 봉지 값이면 일곱 식구 배불리 먹을 텐데

가난해서 배고팠던 시절 이야기에
라면이라도 끓여 먹지 그랬느냐는
요즘 아이들
라면국수 끓여 먹은 이유 알기나 할까

참새 목욕

무에 그리 불안한지
모랫더미 위 참새 한 마리
파다닥, 모래 한 움큼 온몸에 끼얹고
사방을 둘러본다

참빗 살 같은 두 다리 뒤로 쭉 뻗고
섹시섹시 댄스를 반주도 없이
잘도 춘다

참새 떠난 자리 오목하니
체온이라도 느껴볼까
슬쩍 손 넣어 보니
팔딱팔딱 박동 하나
보드라운 깃털 하나
투박한 손끝에 묻어나온다

가족 봉사

산촌박물관 앞으로 봉사활동 나갔다
밤새 알맞게 비도 오고
바람도 없고 햇빛은 은밀하다

파라솔팀 데이지팀 메리골드팀 활련화팀

내가 속한 파트는
하트 모양 데이지 꽃밭 만들고
손 모자란 메리골드팀을 돕기로 했다

메리골드 향기가
이렇게 좋은지 미처 몰랐는데
여러 사람 즐길 꽃밭이라 그런지
오랜만의 봄나들이라 그런지
가족들과 함께하는 봉사활동이라 그런지
꽃향기에 취해 힘든 줄 모르겠다

장갑도 벗어 던지고 맨손으로 다독이는 손
봄기운에 살랑살랑
벌 나비 되어 갓 심은 모종 위에서
나빌나빌 춤춘다

아버지와 서리꾼

시커먼 밤송이가 낮게 기고 있다. 연 사흘, 새벽잠을 설치고 망을 보고 있었다. 웬 놈인지 잡히면 주리를 틀어 앉히리라. 가뭄에 온갖 정성 다해 가꾼 감자밭에 든 도둑, 어슴푸레 먼동이 틀 무렵 시커먼 교복에 망태기를 걸머진 놈을 발견했다. 밭두렁을 따라 살금살금 다가서는데도 정신없이 감자를 캐느라 눈치채지 못했다. 뉘집 아들이 교복차림에 감자를 서리하나 싶어 어둠을 헤치고 살펴보니 편모 모시고 어렵게 학교에 다니는 그 학생이었다. 아버지는 밭골에 보이지 않게 엎드려 얼마나 배 고프면 남의 감자를 캘까 싶어 망태기 채워 밭고랑 나서고 나서야 함부로 헤친 감자밭 다독거리고 집으로 돌아오셨다. 그 학생 반듯하게 자라서 남들처럼 청년 되고 장가도 가고, 볼 때마다 우리 아버지 참 용타! 하시며 흐뭇해 하셨다. 아버지 지금 살아계시면 서리하던 그 사람 우리 동네 최고되었는데 용타! 참! 용타! 연신 말씀 하실 텐데

빚

시어 한 알 얻으려고
온 방을 쓸고 다니다가
때론 아프기도 하고 시름에 젖기도 한다

시 한 줄 쓰자고 종일 서성거리고
갈비 팔다가 언뜻 떠오른 시상
놓쳐버리고 서운한 지경이 어디 한두 번인가
보는 사람마다 아는 사람마다
시집 한 권 달랜다
늘 듣는 소리라 그저 넘어갈 수도 있겠건만
가슴 아프다. 언제 마음 부끄럽지 않은 시집 한 권
쑥– 낳고 빚쟁이 처지 벗어 버릴까?

제3부

흔들리며 살아도

행위 예술로 빛나다

길을 걷다가
안경테를 툭! 때리는
결코 가볍지만은 않은
은행잎 한 장
살아낸 계절이
만만치는 않았으리라
생의 마지막 작품
도금한 은행잎
늙은 햇살 아래
당실당실 춤춘다

산 밤하고 산밤은 다르다

가으내 이 산 저 산
다 뒤져 주워 온 밤
젯상에 놓을 실한 밤 골라놓고
밤잠 설쳐가며 얼리고 말리고
손질하는 어머니
오늘 장에 산더미 같이 쌓아놓고
한 되 천 원씩 팝디다 했더니
산 밤하고 산밤하고 맛이 같냐며
눈 흘기신다

저녁 무렵

서릿골 너머로 떨어지는 해
먹구름 가장자리를 잡고 늘어진다
구름은 자잘자잘 몸 찢어 끄나풀 놓아버리고
줄행랑을 놓는다
창창하던 가을 하늘 빛 스러져
어둠 속으로 들어가고
사과 두어 알쯤 담을까한 상현달
연지 찍고 몸단장하고 마실 나온다
구부정한 농부의 자전거 꽁무니에
쟁기가 누워 달맞이 하고 있다.

완장

아들놈 친구가 사진 속에 웃고 있다

동급생들이 흰국화를 들고
어리버리 하고 있다
그 길이 어떤 길이라고 먼저 가서
또래들 절 받으며 환하게 웃고 있나

어린 동생에게 의지하고
울부짖는 엄마의 절규
아우가 두른 완장, 파르르르
소리 없이 울고 있었다

아침에

쪼글쪼글 주름투성이 작은 손
잘 익은 복분자 따고 있다

손질하지 않은 나무 제멋대로 자라
넝쿨은 엉망인데도 복분자는
으다다다 달렸다
6월 햇살이 톡、톡 쏜 화살에
까맣게 익은 복분자
흑설탕 버무려 먹으면 몸에 좋다고
늙은 홀애비 아들 생각하신다
가시에 찔리는 것쯤 대수롭지 않은지
손톱 밑 까맣게 물들어도 복분자만 따고 있다

풀숲에서 쉬던 참새 여럿
파다닥 하늘 높이 날아오른다.

1학년 2반

학부모 감독관이 되어
모교에 갔다

"참되고 부지런하며 새로워라"

변함없는 교훈은
반가운 마음이 들고

"미쳐야 미친다"

정민 선생이 소개했던 옛 선비들
기말시험 보는 학생들 사이를 거닐고

이 기발한 급훈은 누가 정했을까?

시험 감독은 어디로 가고
헤실헤실 웃는 미친 여자가 앉아있다.

겨우살이

평생, 땅 밟지 않고 살겠습니다
얼어붙은 겨울에도 파란 잎 떨구지 않고 살겠습니다
살아있는 나무 위에 뿌리 내리고 새 둥지처럼 살겠습니다
깨끗한 공기 시린 하늘 향해 가지 뻗고 살겠습니다
아만자(암환자)에게 희망으로 살겠습니다

줄행랑을 치다

오십견, 무릎관절통이 친구하잰다
점잖게 보내 드리자고 매일 목욕탕에 간다
초등학교 때 배운 맨손체조, 새마을체조, TV 건강체조
냉탕 온탕 들락거리며 법석을 떤다

동창생 어머니가 오셨다
간신히 들어오시는 모습, 혼자 씻긴 어렵겠다
"등 밀어드릴까요?" 여쭈려는 순간
양로원 할머니 단체로 들어선다

"에이구머니! 또래끼리 해결하세요"
허겁스레 샤워만 하고
줄행랑을 쳤다

동창회

자칭 *애모병에 걸렸다는 녀석들
인삼막걸리에 혼곤해진 목소리로 추억을 더듬는다
요절한 가수 김정호의 "하얀나비"
가수보다 더 슬프게 불러 눈물난다. 달밤에
헤진 교련복 입고
백담사까지 행군하던 이야기
쉬는 시간마다 교정에서
튕기던 통기타 소리 듣는다.
얼마나 많은 꿈들을 설계했던가
얼마나 보드라운 낭만의 물결 속 헤엄쳤던가
얼마나 깊은 고독의 뒤안길을 헤집고 다녔던가
1、8、1、8、A、1、8
밤하늘 불꽃 수, 별 만난다.

*애모 : 가수 김수희의 노래

오뉴월

오랖뜰 푸성귀
제 흥에 파랗다

상추쌈 곰취쌈 쑥갓쌈 치커리쌈
당귀쌈 민들레쌈 씀바귀쌈
쌈 • 쌈 • 쌈

쪽상에 둘러앉아 눈 흘기는 아지매들
파랗게 물들겠네

알 수 없어요

어디로 갔는지 알 수 없어요.
새벽, 어스름 서릿길
보석처럼 반짝이던 새벽길에 내 발자욱 이야기
뜬금없이 울어 젖히던 빌딩 뒤
어딘가에 사는 수탉의 울음소리
아침 햇살을 가르며 재잘거리던
세 마리 참새 이야기
내 살던 앞 강의 이름이 미륵천이라는 사실
쐬주 한 잔 하고 싶다던 생각
아구찜 시켜놓고 영숙이와 한 잔 하던 일
죄다 써 보았는데 그 글이 어디론가
가고 싶은 곳으로 놓쳐 버렸습니다.
그 글은 어디로 가고 있을까요

갈대

이렇게 살아 봐

바람이 이리로 밀어내면
이리로 밀어내는 만큼
저리로 밀어내면
저리로 밀어내는 만큼

갔다가 다시 오고
또 가라면
갔다 오고

싫다고 죽으라면 죽었다가
다시 살고
미친 듯이 볶아대면
미쳤다가 다시 살고

그렇게 흔들리며 살아도
내 살만큼은
살 수 있잖아

추전리 역

먹고사는 일에 매여서
오고 가는 일이 없는 나는
그림 속에서나 여기저기를 기웃거린다

오늘
이충재 시인이 보내주신 시 속의
추전리 역에 가 보았다
물론, 그림 속이긴 하지만 필시 한 번 다녀온 듯
하나도 낯설지 않다

그 글 속의 추전리 역은
가을 싸리꽃이 만발한 풍경이었고
내가 오늘 보는 추전리 역은
온통 하얀 눈 속에 파묻혀
엽서 속에 들어앉은 외로운 역이었다

855m 고지 위에 하얗게 덮인 눈은
몸져누운 싸리꽃이 되어 지천으로,
백색의 눈부심으로 빛나고 있었다.

서글픈 이야기

너의 아픔이 전이되어
내게 슬픔으로 다가와
소리내어 펑펑 눈물을 쏟았지

아마 가까이에 있었다면
그 슬픔이 턱도 없이 자라나
너와 나 파김치가 되도록 울었을 거야

뒤돌아 그때를 생각해 보면
너의 아픔만이 원인이 아니라
내 서글픔이 한아름 첨부된 슬픈 몸짓이었던 것 같아

내 안에 늘 웅크리고 있었던 검은 베일을
그날 네가 벗겨버렸다고
그래서 그렇게 전화선을 타고 들려오는
네 우울한 목소리에
내 울음이 딸려 나왔어

한밤중에 수화기를 통해서
서로 부둥켜 울며 나누었던 이야기들
내가 맥없이 기울어져 이성을 잃었을 때
함께 울며 한편으로 기둥이었던 너는
늘, 가슴 한켠을 비집고 들어와 살고 있다

내 안의 나

밖의 나는
내 안에 있는 나를
참으로 대견하다 말해준다

힘대로 뻗쳐 나오지 않도록
훈련하고 포장된 채로 있다

내 안의 나는, 밖의 나를
원망의 눈으로 바라보지만
안과 밖의 경계에 서서 물끄러미 나를
바라보고 있다.

위치를 바꾸어 설 수도 있지만
내 안의 내가 인내하므로 밖의 나는
그대로 밖에서 얼쩡거리고
내 안의 나는 안에서 서성거린다.

때로는 사이좋게 의논을 하기도 하지만
쥐어뜯고 싸울 때가 더 많다

밖의 내가 이기는 것 같지만
내 안의 내가 더 위대하다.

내 안의 사랑

아무도 오지 않아
나 혼자만의 사랑이야
말 한 마디 없이 왔다가 가는 것이
제스쳐도 없이 다가왔다 가는 것이
그저 멀지 않는 곳에 있다는 생각만으로
사랑이 아니래도
혼자만 사랑이야

그렇게 기다려도
왔다가 가는 거야
상처가 남지 않을 만큼만
앓고 일어서야지
절대로 기대하면 나을 수 없는 거야
남겨진 것은 사랑이 아니야
정녕 사랑은 내 안에 있는 거야

아버지 1

우리 아버지 주민등록상 본적지는
강원도 인제군 인제읍 하추리 미상 번지
하추리 하고도 싸리골 어디멘가
저 산 너머가 아버지 고향이라고
하추리가 예전에 이북이었데요
6.25 때 징용 끌려나갔다가 반공포로 석방할 때
죽을 고비 넘겨 넘겨 고향 찾아 왔는데
아버지의 아버지 가족들은 농사짓던 농토 따라
넘어간 아들을 기다리느라 그만 이북에 남았나 봐요
땅따먹기 놀이하다 끝나면 니 것 내 것 모두 없어지는데
우리 아버지 장모님이랑 처제 처남은 모두 다
하추리 이남에 살고 있는데
아버지의 아버지 식구들과 아버지의 아내와 딸린 자식들은
휴전선 저 너머 어디엔가 살고 있겠지요
해마다 복놀이로 내린천 끼고 올라 하추리 초입에 돗자리
깔고 아버지는 저 산 너머에 고향이 있는 쪽을
보고 또 보고 우리 엄마랑 오 남매에게 말씀 안 하셔도
얼마나 그리웁고 가고 싶으실까
오래도록 지병으로 고생하시다가 지금은 덕적리 양지바른
골에 누워 고향 산천 굽어 도는 내린천 물에 묻어 오는 소
식 듣고 계시지요 행여 큰어머니 돌아가셨으면 죽어서도
한 상에서 진지라도 드시라고 울 엄마는 이번 추석에도 밥
두 그릇 떠놓으셨네요

아버지 2

손을 뻗어도 닿지 않는 가시철망 저 너머에
아버지의 작은 형님
내게는 큰아버님과 마지막 상봉이 있었다
"절대로 죽지 말고 살아 만나자"
가슴 저린 목소리로 약속했건만
아버지는 반공포로로 석방되셨고
큰아버님은 어디론가 이송되셨다는
바람결에 들려오는 소식 뿐
이 세상 바쁘게 인연 끊으시더니
그때 가시철망 너머로 스치듯 잃어버린
큰아버님 만나러 가셨을까?
어둡고 차가운 지하세계에서라도
환하니 이야기꽃 피우실까?
아슴아슴 추억의 고향 모습 그리고 계실까?
얼굴 한 번 못본 이쪽저쪽 형제들
어서어서 만나라고 손짓하고 계실까?

때끔불

1
숯불을 붙히며
일렁이는 불꽃 속에 어린 시절을 그려본다

화롯가에 둘러앉아
조찰떡, 감자, 고구마 구워먹고
사촌 오빠 꾐에 속아
발바닥에 때끔불 맞고
놀라 울던 어린 소녀가 다가선다

아궁이 불 그러내어
콩도 섶 채 굽고 개구리 뒷다리는
쪽쪽 찢어 닭고기로 속아 먹고
가재는 빨가니 온갖 수다로 양념해서 구웠다

작대기로 불 이적거려
검댕이 그림도 멋들어지게 그리던 추억은
아스라이 혼자 마음속 오막살이에 살고
우리 오빠 흰 머리 염색하며
빌딩 숲 돌아나 작은 오막살이 언제 한번 다녀가시나?

2
숯불을 피우다가
별안간 불침을 맞을 때가 있다

주방일을 돕다가
홀 써빙을 하다가
남편이 출타 중일 때는 이따금
화부 노릇도 해야 할 때가 있다

급한 마음에
반란하는 불꽃을 우습게 봤다간
어김없이 팔뚝에건 얼굴에건
머릿속이건 불침을 맞는다

손님은 반갑게 맞이했는지
정성들여 음식은 장만했는지
종업원에게 소홀하지는 않았는지
식구들은 잘 챙겼는지

따끔한 불침을 맞을 때마다
다시 한번 생각하게 되는 것이다.

백씨네 할머니

허리 굽고 귀도 절벽인 백씨네 할머니는
올 봄에 파종하고
죽어라 땡볕에 김매고 거름해서 가꾼
우리 집 고들빼기 밭두렁에
신발까지 벗어 놓고 앉아있다

몇 번이고
"할머니 이 고들빼기 재배한 거예요."
하고 말씀드려도
"이제 없어 다 캤어"
이빨도 없는 거무튀튀한 잇몸을 드러내고 웃기만 한다

못 말리고 상한 속만 안고
집에 들어왔다가 나가니
저만큼 들깨밭을 돌아 나가신다
석 달 후면 100세가 되시는 할머니
밭두렁에 캐지도 못하고 뜯어놓은
고들빼기 당근잎 깻잎을 가지런히 놓아두고....,

눈길

길을 가다가
흠칫,
누군가 보고 있는 것 같아
뒤돌아본다

아무도 없다

신작로를 따라
좌우를 훑어 본다

쇼윈도 안에 부동자세로
스포츠웨어 차림을 한 여인이 웃고 있다

잿빛 하늘 속
가로수가 무작위로 뽑혀나간 사거리는
더욱 황량하다

아이가 가을비 속으로 걸어가고 있다

이 비의 끝자락을 잡고
찬바람이 끌려와
아이의 여린 살갗을 에워
온몸을 움츠리게 할 것이다

거리는 여전히 비어 있다.

은행나무 아래서 그대를 기다린다

은행나무 아래서 그대를 기다린다
우산을 쓰고

멈추어 버린 비
머금었던 빗방울
뚝, 뚝 떨어지고

흙바닥에 고인 물 위로 다시 뚝, 뚝 떨어져
졸졸졸 몰려가서 강물이 되고
어디만큼 흘러갔다가
다시 빗물이 되어

은행나무 사이로 쏟아지는 햇살에
정수리가 따끈해지면 다시 돌아와
그대 기다리는 마음
자꾸만 적셔주는……,

제4부

타들어가는 힘줄을 엮어

편두통

보이지 않는
딱다구리가 왼쪽 뒤통수를 쪼아댄다
딱! 딱! 딱!
대책 없이 비명이 튀어나오고
조건 없이 머리를 감싸 안는다
열 손가락을
곧추세우고 머리 숲을 헤멘다
딱다구리는 커녕
흔적도 찾을 수 없다
영악한 놈
오래전부터
머리 숲 어딘가에
딱다구리 한 마리
살고 있다

새싹

이젠
땅속에 숨어서 울 필요가 없네
겨울 다 가버린 들녘에 봄빛
서두르지 않고
느릿느릿 다가오네

딱딱하기만 하던 흙두덩이
여린 풀 나무들 불러내며
보드랍게 보드랍게
제 살 부풀리네

땅속에 숨어 있던
어린 풀과 나무들
온몸으로 솟아 나와
온몸으로 햇살 바람을 맞이하네
온몸으로 하늘 우러러
파랗게 파랗게 일어서고 있네

봄비를 맞으며

버드나무 잎을 띄워
보슬보슬 빗물은 나리고
우체국 가는 길 자목련은 빠알가니
도톰한 조동아리를 내밀고 두리번거린다

어제는 검푸른 빛 저 산 소나무들
파랗게 씻고 서더니 노르스름한 새 망토를
손끝에 걸친다

이 밤 자지 말고 깨어있어도
어떤 모습으로 내일은
나를 놀라게 할는지 알 수 없겠지

몇 년을 눈여겨 보아도
비밀스럽게
눈치채지 않게
봄비를 마시며 태동하는 비밀을
한 번도 내게 들키지 않았다.

악동

손주 같은
꼬마 손님이 내 몸에
낙서를 한다
엄마였다면
참지 못했을 텐데
할머니 같은 마음으로
꾹, 참는다
"울라 불루 짱" 껌 판박이는
내 팔뚝에
가로
세로로 서 있다.

나는 오늘

읍사무소에
호적등본을 떼러 간다

걸어가도 그만인 길을
숨을 할딱거리며 달리곤 했던
어린 시절

오래된 나무 등걸을 타고 올라
그네타기 술래잡기 미끄럼타기 매미 잡기
새알을 훔치느라 시간 가는 줄 몰랐다

깊이를 알 수 없는 연못 가장자리엔
치렁치렁 휘어져 바람을 일으키던 아름드리 버드나무
가지마다 세들어 살던 친숙했던 친구들
매미 잠자리 올빼미 부엉이 파랑새 지빠귀
개구리 물방개 오줌싸게 우렁이…….

해질 무렵
빌려온 카메라에
연못 한가운데 작은 섬
나무 의자에서 흑백사진 찍던
울보 못난이 코찔질이 빵코

이제는
되돌릴 수 없는 연못의 평화로운 풍경들
안타까운 어린 시간들
그리운 얼굴들이
어디로 사라져 버렸는지….

나는 오늘 읍사무소에 가서
호적등본 한 통과
사라져버린 어린시절의
풍경 한 편을 떼어 왔다

월척을 낚다

세상일이 눈곱만큼도
즐겁지 않던 날
영혼의 어느 따뜻했던 날들을
낚시합니다

기다림은 손끝에서 서성이고
입질한 오래된 전율을
힘껏 낚아채 봅니다

그리하여
파닥이는 일들을
오래오래 들여다봅니다

세상일이 눈곱만큼도
즐겁지 않다는 내 마음에
짜릿한 손맛으로
되살아납니다

세상은 살 만하다

살아볼 만하다고

참새와 화랑이

진돗개 화랑이 놈은
야성을 잃은 건지
천성이 착한 건지
포롱 포롱 포로롱
제 밥그릇에 앉은 참새들을
가만히 보고 있다

턱을 앞발로 괘고
꼬리는 살랑 살랑

포박당한
자신의 처지를 생각 하는 걸까
어쩌면
참새가 되어 날아가는지도 모르겠다

아침이슬로 목 다듬어
참새들의 경쾌한 휘파람 연주에도
무심한 척, 화랑이 두 귀가
날개가 된다

늦가을

울울창창하던
아미산 끝, 하늘 맞닿는 길
노을 잡아 노니는 곳

나는
뭘 하고 있었나?
찬 바람 걸러내는
참빗 만드는 동안

빗살 사이로 총총히 흐르는
햇빛이
창호지처럼 얇기만 하다.

마지막 잎새

기다림에 지쳐
마지막 혈서를 날린다

붉은 살에
타들어가는 힘줄을 엮어
하롱하롱
언제까지 매달려 있을 성 싶었는데

그대 마음 언저리
다다를 수 있을까

도달할 길 없어
아예 순결한 채 지고 마는가

얇은 바람결에
툭!
몸을 싣고 내달린다.

예감

어둠을 깨우며
기룡산에 오른다
산 꼭대기에서
내려다보이는 미륵천

새해
첫날
최초로 뜨는 해
붉은 열기로 가슴이 터진다

깊은 산속에 묻혀 흐르며
늘 함께하는 미륵천이
미치도록 간지럽게 느껴지는
내 죽지는
날개가 있다는
희망의 예감인가?

아름다운 중년을 위해

에스트로겐 생산이 중단되었다고 하자
병원 처방은 애매했다
빈궁마마가 탄생한 집안 내력상
호르몬제 복용은 어렵고
자주 병원 검사를 받으란다

문제는
외롭다고 말하고 싶고
지쳤노라고 말하고 싶고
매사가 걱정스럽다고 말하고 싶고
마구 소리지르고 싶은 것 있었다

빈 둥지 증후군이
쳐들어온 것이다

나는,
팔을 걷고
씩씩하게 새벽잠을 털어내고
동네 한바퀴
아들의 씨디 공유하기
반신욕 하기
무섭게 책 읽기로
활력을 만들어 본다

중년은 일찍 찾아왔건만
아름다운 중년을 오래 살자고 한다.

짧은 봄

길 옆 은행나무
은행 잎들이 부풀어 오른다
그 속에
숨은 참새들 목소리 더 높아지고
봄은
참새 소리에 지레 겁을 먹고
사그라졌는지
한낮, 눈부신 햇빛이
너무 따갑다.

빨간 우체통

버스 터미널 옆 빨간 우체통은
배가 고프다
쓰러지지 않고
버티고 사는 것이 참 용하다

아침저녁 우체부 아저씨의 손길만이라도
거르지 않는 것이 그나마 다행이다

연애편지 안부편지 위문편지
먹어도 먹어도 배부르지 않던 때
모진 비바람에도
불볕더위에도 사랑이 충만했던 때

아련한 기억 그리며
혼자 외롭게 서 있다

유모차

한 때
햇애기와 꿈과 사랑
넘치는 젊음과 희망으로
가득했던 유모차

이제
회한과 사무치는 외로움
물살보다 빠르게 흘러간 세월
굽어진 몸을 유모차에 의지하고
회색의 길을 조금씩 가고 있다

모종

낡은 트럭 가득
모판이 실려있다
1개 2000원, 2개 3000원, 4개 4000원
로즈마리, 페파민트제라늄, 로즈제라늄,
야로우, 로즈 제라륨, 패니로얄, 라벤다
이름만 들어도 향기롭다

할미꽃, 금강초롱, 나팔꽃,
분꽃, 국화, 해바라기
자잘자잘 돋아나는 마당귀
허브 몇 포기 심었다

다독다독 갈무리하고
묻은 흙 털어내는데
손끝에 묻었던 허브향 싱그러운 햇살 어우러져
느실느실 하던 내 안의 감각들
산뜻하게 당겨준다

향내나는 시집

환장하게 졸리던 봄날
청첩장 한 장과 시집 한 권
배달받다.

시집을 넘기다
책속의 향기로운 꽃 향내음에
화들짝 놀라다.

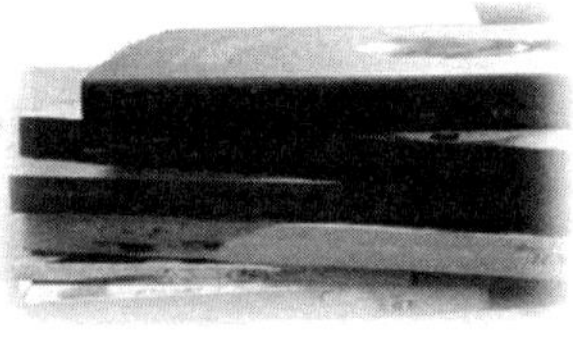

가끔은

추적추적 봄비 나리고
곤곤한 날
복권방에 간다

절절이 젖어 사는 후배님
복권 긁다가

"갈비 장사 잘 되더만 복권은 왜 사?"

이빨 사이로 빈정거림이 튀어나오고
짐짓 기분 좋은 목소리로 촐랑대지만
저나 나나 사는 게 어려운 것은
모르는 척, 다 아는 일 인지라

한사코 살아가며
누추하지만, 희망 걸고
복권을 긁어 보는 것이다

참으로 미더운 당신
-제부님 이야기-

낡은 트럭 짐칸에
폐지 가득 실려 있다
황사가 지나가다
힐긋 들여다 보고
멋쟁이 애완견
쓸데없이 왈,왈 짖는다
퇴근 후, 조각 시간 잇고 꿰어
비얄밭 일구랴 폐지 수집하랴
부지런한 당신의 손등
산두꺼비처럼 두텁다
여우 같은 마누라와 토끼 새끼 둘
지즈바들 달거리 들어가는 돈 만만치 않다고
너스레 떠는 모습
지폐 몇 장과 맞바꿀 폐지 더미 속
봄 햇살이 빙그레 웃고 있다.

정순덕 시인 시집
〈〈갈대, 그 흔들림의 美學〉〉評說

다채로운 생각의 무늬를 언어로 조각하다

전형철
〈시인, 문학평론가, 월간모던포엠 발행인〉

시간이 흐르고 만물이 변화하는 것은 자연의 섭리이자 진리이다. 채워짐이 있으면 비워짐이 있고, 오름이 있으면 내림이 있고, 젊음이 있으면 늙음이 있는 법, 시인의 작품을 읽다 보면 나도 모르게 이 생각 저 생각에 빠져들게 된다. 그의 관심이 우리가 살아가는 생활현장 바로 그곳에서 일어나는 사건마다에 있고, 그 세계 속에서 존재하는 자아에 대한 성찰에 있기 때문일 것이다. 개인의 바쁜 일상에 쫓겨 지나쳐버리거나, 혹은 무관심으로 생각조차 꺼릴 일들을 놓치지 않고 곱씹어 보는 시인의 지칠 줄 모르는 활력이 부럽기도 하다. 시인이 가지고 있는 시 세계에 대한 관심의 넓은 폭 만큼이나 그가 만들어내는 시의 형태 또한 다양하여 이 시집을 통해 서정시에서 모더니즘에 이르기까지 독자는 폭넓게 감상할 수 있을 것이다.

향기는
꽃이 흘리는 피의 노래다
이미 스러질 줄 알고도 터뜨리는
꽃의 붉은 각혈이다

피는 쏟아져 대지위에 내리고

대지는 꽃의 아픔을

고즈넉이 받아 안고

다음해에 다시 살아보자고

등 토닥여 잠재운다

-작품[꽃] 일부

인고의 세월을 보내고 난 후 새로운 희망을 가슴에 품었다는 암시이다, 지는 꽃잎에도 눈시울 붉히지 않고 내일 기약한다는 화자의 꿋꿋한 내면의식이 위의 작품에서 거침없이 나타나고 있다, 아무리 현실이 부조리하고 때로는 자괴감에 시달린다 해도 견뎌내고 이겨낼 수 있었던 것은 마음의 중심에 자리 잡고 있으며 점점 각박해져만 가는 우리에게 정작 필요한 것은 시인이 품고 있는 것과 같은 그 마음의 꽃인지도 모른다. 사람마다 마음속에 낙원 하나를 두고 산다면 세상은 좀 더 살기 좋아질 것이라며 "다음해에 다시 살아보자고 / 등 토닥여 잠재운 "다며 확신 하고 있다, 결국, 아픔은 아픔으로 종결되지 않고 위안으로 귀결되는 시인의 꽃다운 품성이 엿보이는 가편이다.

조급한 마음에 길 떠났지만

어디 갈 곳이 없다

이리저리 살피다가 앉은 곳

내가 살아갈 만큼 호락호락하지 않다

오랜 망설임 끝에 다시 떠난 길

중략

기다림 끝에 미풍에 실려 간 곳
지친 몸도 마음도 쉬었다가, 깊고 어둔 밤 지나
어느 봄날, 나는 노란 꽃 피우리라

-작품[민들레 살아남기] 일부

제1부 "꽃이 바람에 전하는 말"이란 소제목부터 강한 메타포(metaphor)를 전해준다는 이미지가 넘쳤다, 현실에 대한 비판을 안으로 갈무리하며 자아에 대한 성찰과 더불어 자의식에서 들끓는 사변을 관조의 눈빛으로 순환시켜 가는 순수한 서정이 담긴 시편들이다, 역시 기대에 부응하는 작품들을 대할 수 있어 기쁘다, 같은 맥락으로 동질성을 지니고 있는 "민들레로 살아남기"의 후편인 "천하장사, 는 다른 이미지의 형상화로 그려지고 있다, 연이어 감상해 보며 화자의 심중에 담긴 은유의 뜻을 파악해 본다

여름내 판판이 지는 씨름
또 한판 붙을까 말까
간들간들 온몸으로
아양 떠는 모습
그래, 너도 홀씨 한 번
파란 하늘 향해 날려 보아라
밭도 길도 아닌 맨흙 틈바귀
먼지 속에 뻗치고 서서
새파랗게 도전하는 천하장사
민. 들. 레.

-작품[천하장사]전문

세월의 힘을 빌어 고통의 날들을 지나왔지만 돌아오지 않는 그 세월이 무엇보다 아쉽고 원망스럽다는 심정을 토로한 작품이다. 끊질기게 달라 붙는 아픈 삶의 중첩을 끊어내고 붙어도 붙어도 판판이 지는 씨름판에서 눈을 돌려, 파란 하늘에 홀씨를 날리겠다는 의식은 이미 이기고 진다는 관념에서 벗어나 자아관조의 성찰로 세상의 눈부심을 파악하고 있다는 의미를 은연 중 내포하고 있다, 즉 다시 말해 "자잘한 일상 속으로 거대담론들이 비집고 들어오고, 심각한 허풍과 과장 속에 누추하고 슬픈 삶의 한 단면을, 아픈 생의 절실한 무게로 환기시킨다. 보잘것없다고 짐짓 너스레를 떠는 화자의 내면에는 이 세상에 대한 비판이 풍자적 웃음 뒤에 잘 벼룬 비수처럼 날카롭게 숨겨져 있다는 것이다.

이제 번뇌는 사라졌오
남은 것은 향수뿐이라오
움푹 패인 웅덩이의
아래쪽부터
차곡차곡 채워 놓은
슬프고 아름다운 추억들을
살랑거리는 추파秋波로
어루만져 주겠오
그리고
새로이 패인 웅덩이 속엔
슬픈 상념일랑은
개어 넣지 않겠오
고향의 꽃

한 줌의 벼이삭을 꺾어
꺾꽂이로 장식하겠소

–작품[가을날에]전문

불교에서는 "온갖 사물은 다 없어질 것이어서 공중의 번개와 같고, 굽지 않은 질그릇, 빌린 물건, 썩은 풀로 엮은 울타리, 모래로 된 기슭과 같다."라고 했다. 번뇌를 지우고 삶의 향수만을 남겨 영혼의 빈 그릇에 깨달음의 진리를 담겠다는 화자의 목소리가 가을날의 풍경에 담기는 것이 아니라 오히려 고즈넉한 시세계의 메아리에 이끌려 오는 풍광이 되고 있다, 격앙된 삶의 진앙을 잠재우고 화자가 거둔 성실한 생의 결정인 열매마저 세월 앞에 꺾꽂이로 내어 놓겠다는 리리시즘[lyricism]이 한층 더 돋보인다,

진실이 밝혀지는 것이 빤히 보이고
돌아가는 틀도 크게 벗어나지 않는
tv 속 이야기
하루하루 아침 시간을 죽이고
삼삼하게 이야기를 짜맞추는 즐거움에
꽃이 피고 지는지
옆집에 누가 새로 이사 왔는지
청소고 빨래고 쌓아 놓은 채
보고 또 보고
세월은 간다. 저 혼자

–작품[드라마 중독증]전문

이 작품의 특징을 한 마디로 뭐라 꼬집어 말할 수 있을까. 진정성과 묘사의 시학이라 부르면 어떨까. 작품의 내용으로

보면 진정성의 시학이요, 표현으로 보면 묘사의 시학이 바로 그것이다. 시인의 작품에는 '~체'하는 꾸밈이나 엄살이 없다. 우리 시단에 엄살과 과장의 수사적 발림으로 가득찬 시가 얼마나 무성한가. 시적 화자가 텔레비전 화면 속에서 세상사 시름을 잊고 가슴에 들이치는 삶의 아픈 편린들을 외면하려는 것이 역력하다, 하지만 시의 후반부에 이르면 그 풍경들 속에서 자신의 내면을 고스란이 얹어놓고 있다. 입심이 대단하다고 할까, 점층적 반복의 전개방식과 문장의 뜻을 점점 강하고, 크고, 높게 하여 마침내 절정에 이르도록 하는 수사법이 이 시의 긴장미를 더 하고 있다.

단숨에 다섯 편의 시를 감상했다, 때론 숨겨온 슬픔을 노래하고, 때론 분노로 온몸을 떨면서도 끝내 흔들림 없는 서정의 미학을 우리는 탐미 했다, 앞으로 감상하게 될 시편이 더욱 구미를 당기게 한다, 음식으로 치면 명품요리라고 할까 혀끝에 녹아드는 시어가 감칠맛 난다

시어 한 알 얻으려고
온 방을 쓸고 다니다가
때론 아프기도 하고 시름에 젖기도 한다

시 한 줄 쓰자고 종일 서성거리고
갈비 팔다가 언뜻 떠오른 시상
놓쳐버리고 서운한 지경이 어디 한두 번인가

보는 사람마다 아는 사람마다

시집 한 권 달랜다

늘 듣는 소리라 그저 넘어갈 수도 있겠건만

가슴 아프다. 언제 마음 부끄럽지 않은 시집 한 권

쑥- 낳고 빚쟁이 처지 벗어 버릴까?

-작품[빚]전문

드디어 숨겨온 화자의 본색이 드러나는 순간이다, 시어에 목말라 하며 갈등의 구조를 보이는 클라이맥스에 도달했다. 여기에서도 시인의 진정성과 묘사의 시작 태도가 두드러진다. 독자에게 설득하려 하거나 무얼 전달하려고 안달하지 않는다. 그저 풍경을 그려내고 있다. 그렇게 그려낸 풍경 위에 화자의 솔직한 삶을 가만히 얹어놓고 있다. 이를테면 풍경의 내면화다. 차분하게 작품을 들여다본다면 시인이 그려내고 있는 시적 행간에 슬픔과 절망이 넘쳐나는 걸 볼 수 있다. 시인의 영원한 화두인 슬픔의 변증이 그대로 드러나 보인다, 갈비와 시" 아무런 연관성이 없다, 하지만 화자에게서는 그 연관성이 결코 지울 수 없는 화두로 떠올라 있는 것이다, 슬픔의 변주가 기쁨의 세레나데로 울리고 기쁨의 세레나데가 슬픔으로 변이되어 갈등의 진폭을 더욱 키워 온 것이 오늘날 그의 시작詩作의 밑거름이었음을 솔직하게 고백하고 있지 않은가, 아래의 작품" 겨우살이, 에서도 그 동질성을 내포하고 있으며, 순정한 가슴으로 빚은 시집으로 이웃의 빚을 갚고 다시 타인을 위해 살겠다는 희생의 정신이 현현하고 있다.

평생, 땅 밟지 않고 살겠습니다
얼어붙은 겨울에도 파란 잎 떨구지 않고 살겠습니다
살아있는 나무 위에 뿌리 내리고 새 둥지처럼 살겠습니다
깨끗한 공기 시린 하늘 향해 가지 뻗고 살겠습니다
아만자(암환자)에게 희망으로 살겠습니다

-작품[겨우살이]전문

그의 슬픔은 힘을 가지게 된다. 그의 시에서 슬픔은 모든 세상을 태우는 불길을 끄지는 못하지만, '세상을 태우는 불길로부터 작은 사랑의 불을 지킬 수'는 있는 적은 힘이다. 그것은 잘 갈고 벼려서 예리한 무기를 만드는 슬픔이 아니라, 살벌한 세상에서 최소한의 사랑을 지키는 것이다. 어둠을 몰아내는 강력한 무기로서의 힘이 아니라, 가난한 자들이 가지고 있는 유일한 무기인 사랑을 지키는 방어적인 힘이다. 삶에 대한 이러한 성찰이 그의 시를 내면으로 향하게 한다. 그리고 그 깨달음은 다음과 같은 발언으로 이어진다. "아만자(암환자)에게 희망으로 살겠습니다." 얼어붙은 겨울에도 파란 잎 떨구지 않고 희생과 봉사의 정신을 바탕으로 시적 성취를 일구겠다는 화자의 마음이 실로 눈부시다.

늦가을

울울창창하던
아미산 끝, 하늘 맞닿는 길
노을 잡아 노니는 곳

나는
뭘 하고 있었나?
찬 바람 걸러내는
참빗 만드는 동안

빗살 사이로 총총히 흐르는
햇빛이
창호지처럼 얇기만 하다.

–작품 [늦가을] 전문

시인이 도달해야 할 "궁극적 목표"는 "몸을 버리듯" 무수한 감옥으로부터 벗어나서 "모든 것에서 자유로워지는 " 것이다. 체제, 제도, 규범, 인습, 고정관념 등으로부터 해방될 뿐만 아니라 시인의 자유의지를 속박하는 시간의 한계와 감정의 굴레로부터 벗어나서 예술가의 완전한 자율성에 도달하는 것이다.

동서고금을 막론하고 시인 혹은 예술가는 창작의 자유를 가로막는 구속의 요인들에 맞서서 내적인 투쟁을 지속하여 왔다. 예술창작의 자유를 지키려는 시인의 투쟁은 오히려 훌륭한 예술작품을 낳는 강력한 에너지로서 작용해왔다. 전통의 벽에 부딪혀 시인의 자유로운 상상이 억압당하는 고난을 겪을 때마다 상처에서 새 살이 돋아나오듯 현실의 한계를 뛰어넘는 새로운 상상의 날개가 휘 오른다. 구속과 자유, 한계와 무한, 현실과 초현실 사이를 왕래하면서 양자 사이의 간극을 좁히기 위해 자신의 모든 상상력을 남김없이 쏟아붓는 존재가 또한 시인이다. 예나 지금이나 시인은 예술가의 자율성을 생명처럼 귀하게 여기는 존재인 것이다.

이 세상에 뜻 깊은 메시지를 한 줄기 빛으로 던지며 함께 살아가는 아름다운 세상을 만들기 위하여 한 알의 밀알이 되고 싶은 그들의 삶을 보았기 때문이다. 한국 문단에 많은 유명 작가들의 시집이 나와 있고 베스트셀러에 오르는 영광을 차지하기도 하지만 그 내용을 들여다보면 인위적이고 기교적인 실망스런 글들이 주류를 이루고 있다고 해도 과언은 아닐 것이다.

시의 운율이 중요시되고 작품에 아름다운 겉옷을 입히는 것도 무시할 수는 없겠지만 영혼의 숨소리가 들리고 진실이 살아서 뛰어다니는 그런 작품을 만나기는 결코 쉬운 것이 아닐 것이다.

세상엔 절망이 무성하다. 그래서 우리 곁의 누군가는 "곳곳에 숨어 사금파리 조각처럼 빛나는 것은 모조리 절망이다"라고 했는지 모른다. 존재란 그 자체가 이미 절망의 근원이다. 한 찰나의 슬픔에서부터 또 한 찰나의 기쁨까지, 존재란 절망의 뿌리이고도 남는다. 그러나 그렇듯 절망만을 말하기엔 우린 이 세상에서 머물러 있어야 할 시간이 너무나 짧다. 향기나는 그 무엇과 바꿔놓지 않으면 삶이란 금세 이슬처럼 사라지고 말 뿐이다.

시가 무엇인가. 인생이 무엇인가. 수백 권의 책 수많은 성현, 학자의 말씀에 귀 기울여 봐도 '이것이구나' 싶은 확답은 없다. 일찍이 한 시인은 시가 무엇이냐는 물음에 정의하길 "시란 감탄사다"라 하였다. 감탄사, '아' 나 '오' 처럼 가슴에 엉켜 있는 감정을 토로하는 탄성이나 절규로써 하나의 울음일 것이다. 울음도 흐느낌에서부터 통곡에 이르기까지 그 슬픔의 정도에 따라 감정의 표출이, 다 다를 것이다.

시는 논리나 설명되어지는 그런 산물이 아니다. 신비한 창조의 태반에서 곰삭아진 언어의 예술적 표현에 의해 형상화된 정서적 산물이다. 시가 오늘날까지 문학의 장르 중에서 가장 으뜸의 자리에 있는 것은 시가 가진 특성 때문인지 모른다. 한 편의 시는 그 형태에서 많은 것을 내포하고 있다. 기행시든 산문시든 간에 운율이나 서정성을 배제할 수가 없는 것이다. 시에는 언어, 리듬, 이미지, 비유, 상징 등 많은 것을 내포하고 있으며 좋든 싫든 우리는 한 편의 시를 짓거나 이해할 때 시가 가지는 중요한 요소들을 파악할 수 있는 재능이나 안목 없이는 시에 접근하기가 어려울 것이다. 더더구나 시의 정서적 바탕을 잃어가는 현대시의 대중성 확보란 바로 서정의 회복에 있을 것이다.

자연을 훼손하고 등진 인간의 삶은 갈수록 삭막하고 생명의 종말을 재촉하는 비극적 상황을 노정하고 있다. 이성 만능의 인간의 오만은 지나친 소유욕이며 이기적 욕망으로 마치 부나비의 그것과 진배없다. 기존의 현대시의 지나친 작위적 시관을 부정하고 우주적 심상의 싹을 키워 '땅', '물', '바람', '불' 의 자연의 근원적 심상을 지향한 창조적 의식의 시학을 바슐라르는 펼쳐 보였다. 일체의 기존한 관념을 불식하고 생명의 모유를 제공하고자 부풀은 자연, 어머니의 풍요하고도 아름다운 가슴의 품에 시적 영성의 이미지로써 회귀하여 교감하고자 하는 시학의 깨우침, 자연에의 희구에의 염원을 담아야 할 것이다. 정순덕 시인의 시집〈갈대, 그 흔들림의 미학〉이 벽으로 가로막혀 있는 사람과 사람 사이를

뚫고 마음 열어 놓는 바람소리로 가슴을 적시고 닫혀 있는 사람들의 마음 가득 향기를 전하는 시집이였으면 싶다. 풀 끝에 맺힌 이슬을 찬 발등이 참으로 오랜만에 서늘하다. 이제 한 번쯤 저 먼 산을 바라봐야 할 때가 아닌가

정순덕 시인의 전언이 온기가 되어 차갑게 식어 가는 세상을 따스하게 덮어 주기를 바라며……,

2009년 8월 1일 長山 바람재, 우거에서 전형철

정순덕 시인 시집

갈대, 그 흔들림의 美學

인쇄 2009년 8월 8일
초판 1쇄 발행 8월 10일

지은이 정순덕
펴낸이 전형철
편 집　유진플러스
웹디자인 오정원

펴낸 곳 도서출판 모던
등록번호 제 16-9544 / 2003년 10월1일

인쇄　유진플러스
후원 월간 모던포엠

서울시 중구 을지로 3가 326 상지빌딩 201호
전화 02-2271-0050 팩스 02-2272-1005
이메일 mopo64@hanmail.net

ISBN 978-89-93369-06-9 03510
정가 9.000원